LA JEUNESSE

ET LES

FONCTIONS PUBLIQUES

SOUS

LE SECOND EMPIRE

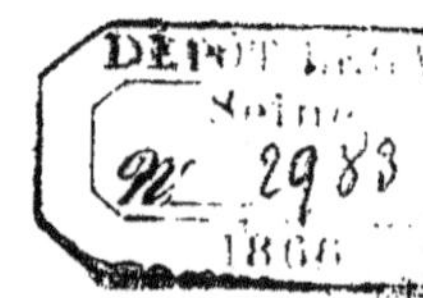

PARIS — 1866

LA JEUNESSE

ET

LES FONCTIONS PUBLIQUES

SOUS LE SECOND EMPIRE

Les rangs des hommes d'État de l'Empire s'éclaircissent. Chaque coup qu'y porte la mort y laisse un vide. L'opinion commence à le sentir, à s'en préoccuper. Elle cherche derrière ces hommes éminents, qui depuis la première heure entourent le trône de l'Empereur, les hommes plus jeunes, élevés à leur école, héritiers de leur expérience, prêts à les remplacer ; elle ne les aperçoit pas.

Ils manquent en effet.

Si, par impossible, il arrivait un jour que l'Empereur fût en désaccord avec ses ministres, et qu'il voulût les remplacer, leur trouverait-il aisément dix successeurs ? Que serait-ce si, désirant les envoyer à la Chambre, il les voulait orateurs ? L'Empereur devrait céder. Il serait forcé de subir ce régime des « *ministres désagréables à leur roi,* » qui est, selon M. Thiers, l'idéal, et qui semblait, en tous cas, le privilége des gouvernements parlementaires.

L'opposition, qui sait recruter les talents et les mettre en lumière, nous paraît disposer de forces beaucoup plus considérables qu'elle ne le fait en réalité. C'est *un état-major sans armée.* Les amis résolus de l'Empire seront bientôt, si l'on n'avise, *une armée sans état-major.* Ce que vaut une armée livrée à elle-même, on le sait ! Elle se divise, se débande, à moins qu'elle ne suive les chefs ennemis assez audacieux pour se mettre à sa tête.

L'Empire doit songer à refaire son état-major, à reconstituer ses cadres, à placer derrière les généraux qui s'épuisent ou qui meurent des lieutenants prêts à leur succéder. Voilà ce que ses amis dévoués et vigilants disent tout bas; voilà ce que sentent vaguement les autres, et ce que, pour tous, nous oserons dire à haute voix.

———

« Ce sont les circonstances qui font les hommes, » disait Napoléon Ier. — C'est la responsabilité qui trempe le caractère et développe l'intelligence. Mais le caractère ne peut se tremper, l'intelligence se développer que dans la jeunesse. L'âge mûr étant arrivé, l'homme est fait : les circonstances ne sauraient le refaire.

C'est une grave erreur de croire que l'obéissance est la meilleure école du commandement. Non, ce n'est pas, comme on le répète, en obéissant qu'on apprend à commander; — c'est en commandant. A trente ans, Turenne était maréchal; à vingt-deux ans, Condé général en chef des armées du roi. Tous leurs émules étaient jeunes comme eux. On a souvent plaisanté les colonels de quinze ans. N'était-ce pas le produit le plus flagrant du régime de la faveur et du bon plaisir? La Révolution s'en indigna... Mais elle n'eut garde d'agir autrement sur ce point que l'ancien régime. Elle donna le commandement de ses armées à des généraux de vingt-cinq ans Eut-elle lieu de s'en repentir?

Ce qui est vrai de la guerre, l'est plus encore de la politique. Balzac, ce romancier qui cachait un penseur et un historien de premier ordre, a dit :

« En général, les ministres arrivés vieux ont été médiocres,
« tandis que les ministres pris jeunes ont été l'honneur des mo-
« narchies européennes et des républiques où ils dirigèrent les
« affaires. Le monde retentissait encore de la lutte de Pitt et de
« Napoléon, deux hommes qui conduisirent la politique à l'âge
« où les Henri de Navare, les Richelieu, les Mazarin, les Colbert,
« les Louvois, les d'Orange, les Guise, les La Rovére, les Machia-
« vel, enfin tous les grands hommes, partis d'en bas ou nés aux
« environs des trônes, commencèrent à gouverner des États. La '
« Convention, modèle d'énergie, fut composée en grande partie
« de têtes jeunès. Aucun souverain ne doit oublier qu'elle sut op-
« poser quatorze armées à l'Europe. »

Tout prête chez l'homme jeune : le corps est plus alerte, l'âme plus vaillante, le désir de bien faire plus vif. Ce scepticisme désolant, qui, dans notre pays tant de fois éprouvé, s'empare sitôt des âmes, ne l'a pas encore engourdi. Il voit de longues années devant lui. Il croit avoir le temps de remuer le monde; et, —

Vauvenargues l'a dit, — « pour faire de grandes choses, il faut « agir comme si l'on devait vivre éternellement. »

Ces principes essentiels, l'Empire s'en est-il bien pénétré? A-t-il su, dans la jeune génération qui se donnait à lui, choisir les hommes qui le pourraient servir utilement, et les a-t-il préparés à ce rôle? A-t-il pourvu sur ce point aux nécessités de l'avenir, qui sont, hélas! les nécessités de demain, les nécessités d'aujourd'hui?

Nous ne le pensons pas.

Sous le régime parlementaire, une telle fonction s'accomplit d'elle-même. Le recrutement s'opère sans qu'on y songe. Les Chambres, qui distribuent le pouvoir, attirent naturellement dans leur sein tous les talents. Elles les développent, et, ce qui n'est pas moins nécessaire, les mettent en lumière.

Mais sous ce régime, où le parlement est réduit au rôle qui lui convient le mieux : la confection des lois et le contrôle du pouvoir; où l'administration et le gouvernement vivent de leur vie propre; où l'initiative du souverain est le moteur principal, il n'en saurait être de même. Les hommes d'État ne naissent plus spontanément. On doit les rechercher, les aider à se former, à se produire. Il faut les deviner *avant qu'ils soient*, et, jeunes encore, les faire connaître au public, les mettre aux prises avec les grandes affaires. Louvois, Seignelay, ministres par droit de naissance, celui-ci à vingt-deux, celui-là à vingt-cinq ans, et grands ministres tous deux, suffiraient à prouver le mérite de cette prompte initiation. Mais n'allons pas chercher nos exemples dans une société sur laquelle la nôtre ne saurait se modeler. Arrêtons-nous à Napoléon Ier. Personne, assurément, n'eut à un plus haut degré que lui l'art d'utiliser les hommes. C'est qu'il savait mieux que personne les former. « Comme Louis XIV, comme l'Angleterre (disait encore Balzac dans un autre ouvrage), Napoléon était avide de jeunesse intelligente. » Ses généraux, ses ministres, ses ambassadeurs, ses conseillers d'État, ses préfets, étaient jeunes. Sous son règne, après deux ou trois ans de stage au Conseil d'État, on allait administrer un département, souvent une province récemment conquise. Au même moment, nous voyons vingt auditeurs dont le plus âgé dépasse de bien peu la trentaine dans des préfectures importantes, comme Chambéry, Coblentz, Chiavari, Gand, Spoleto, Livourne, Parme, Florence, Amsterdam, etc. Un peu plus tard, nous trouvons vingt-deux auditeurs préfets (à Hambourg, Brême, Coni, Groningue, La Haye, Bruxelles, etc., etc.); six intendants de provinces non assimilées à la France (Carniole, Carinthie, Zara, Raguse, Dalmatie, Carlstadt); un autre chef de l'administration de la marine en Portugal; un autre, enfin, secrétaire du gouvernement des provinces illyriennes.

Ceux qu'il avait particulièrement distingués, l'Empereur les rappelait bientôt, jeunes encore et déjà mûrs, pour les associer de plus près à son gouvernement (1).

Son Conseil d'État, ainsi formé d'administrateurs éprouvés, devenait une pépinière d'hommes d'État. Tous étaient prêts. Pour un qu'il fallait, dix se présentaient au choix du souverain.

---

(1) « Il serait bon (disait-il à la séance du 18 avril 1806) de créer un grade intermédiaire entre les Préfets et les Conseillers d'État, comme étaient, par exemple, les maîtres des requêtes. Le gouvernement choisirait dans ceux-ci, *après deux ou trois années d'exercice*, ceux qui se seraient montrés capables d'être Conseillers d'État. » Ce programme fut à peu près réalisé.

Sous le régime parlementaire, avons-nous dit, on peut s'affranchir d'un tel souci. Il n'est pas besoin de recruter les intelligences, elles se recrutent d'elles-mêmes ; le pouvoir est toujours assuré de trouver quand il le voudra des serviteurs prêts à la lutte et rompus aux affaires. Ni la monarchie de Juillet, cependant, ni même la Restauration (qui avait tant de dettes à payer, tant de vieux dévouements à récompenser), ne laissèrent aux circonstances le soin de leur former des instruments. Elles recherchèrent les jeunes talents presque avec le même soin que le premier Empire.

Si, quittant la France un instant, nous jetons les yeux sur les divers pays de l'Europe, partout nous trouvons ce même souci, ce même goût pour la jeunesse intelligente. Nous le remarquons surtout dans les deux pays dont la vitalité politique est la plus puissante, la Belgique et l'Angleterre : — L'Angleterre, sous ce rapport du recrutement, de la formation et de l'intelligent emploi des capacités, mérite un examen particulier. Dans ce pays si bien ordonné pour la vie publique, presque tous les hommes qui comptent s'adonner sérieusement à la politique, et que leur titre héréditaire n'appelle pas à la pairie, entrent à la Chambre des Communes aussitôt leurs études terminées. Ils se montrent, on les juge, et ceux dont on attend le plus sont bientôt appelés à quelqu'une de ces charges secondaires, mais importantes déjà, qu'on peut nommer des *postes d'essai* (1) ; et là, sous le poids de la responsabilité que les institutions anglaises répartissent sur les agents de tout ordre, ils

____

(1) Les postes sont ceux de juniors lords de la Trésorerie, de juniors lords de l'Amirauté, de sous-secrétaire d'État de l'Intérieur, des Affaires étrangères, de la Justice, des colonies et de l'Inde ; de vice-président du Bureau du commerce, de payeur général de l'armée, de secrétaire de la Trésorerie, de secrétaire de l'Amirauté, etc., etc.

achèvent de se rompre au maniement des affaires et de la parole. Après quelques années passées à cette école, ils peuvent aspirer au gouvernement. Qu'un ministère se forme, ils y auront leur place. Tout cabinet nouveau appelle à lui quelques jeunes hommes, qui lui apportent, à défaut d'une expérience que leurs collègues leur communiqueront bientôt, la séve, l'ardeur, le détachement du passé et le sentiment des besoins de l'heure présente.

Pour prouver matériellement ce que nous avons exprimé jusqu'ici d'une manière sommaire et générale, nous allons résumer dans quelques dates la carrière des principaux hommes d'État, des principaux administrateurs *de ce siècle;* pour la France d'abord, puis pour ceux des pays d'Europe dont l'histoire politique offre le plus d'intérêt. Ces tableaux, est-il besoin de le dire, sont *fort incomplets.* On y a réuni les noms qui les premiers se sont présentés à la pensée. Chacun, en les lisant, les complétera par ses propres souvenirs. On y trouvera du moins cités presque tous ceux qui ont marqué dans l'histoire de leur temps, — et ceux-là seuls importent !

CONSULAT ET EMPIRE.

BONAPARTE

PREMIER CONSUL A 30 ANS.

Comte ANGLÈS. . . . . 26 ans Auditeur.
                                     27 » Intendant en Silésie.
                                     29 » Directeur du 3e arrondissement de la police.
                                     (Fut ministre à 34 ans sous la Restauration.)

M. ARNAULT . . . . 21 ans Auditeur.
                                     23 » Intendant de l'Istrie.
                                     28 » Préfet.

Baron de BARANTE . . . . 24 ans Auditeur.
                                     25 » Sous-préfet.
                                     27 » Préfet.
                                     30 »   Id. de la Loire-Inférieure

Baron BAUDE. . . . . 23 ans Sous-préfet de Saint-Étienne.

Baron de BEAUVERGER . . . . . . 23 ans Auditeur.
                                     24 » Secrétaire général du gouverneur de Hambourg.
                                     26 » Préfet.

M. BERENGER . . . . 26 ans Avocat général.

BERNADOTTE . . . . 35 ans MINISTRE.

M. BESSON. . . . . 26 ans Secrétaire général de la préfecture de la Seine.

Comte BOISSY D'ANGLAS. . . . . 26 ans Auditeur.
                                     30 » Préfet.

Comte BOULAY (de la Meurthe). 37 ans MINISTRE. (Refuse. Est nommé président de section au Conseil d'État.)

M. de BOURIENNE. . . . . 28 ans Secrétaire de l'Empereur.
                    34 » Conseiller d'État.

M. BOURSAINT. . . . . 28 ans Chef du personnel de la marine.

Baron BOUVIER-DUMOLARD. . . . 25 ans Auditeur.
                    26 » Intendant de la Saxe.

Baron de BRETEUIL. . . . . 28 ans Auditeur.
                    29 » Intendant de Styrie.
                    30 » Préfet.

Marquis de BRIGNOLE-SALE . . . 21 ans Auditeur.
                    25 » Maître des requêtes.
                    27 » Préfet.

BRUIX . . . . 39 ans MINISTRE.

CLARKE . . . . 37 ans MINISTRE.

CAULAINCOURT . . . . 29 ans Chargé d'une mission impor-
                                tante en Russie.
                    31 » grand écuyer.
                    34 » Ambassadeur à Saint-Péters-
                                bourg.

Comte de CELLES. . . . . 26 ans Auditeur.
                    27 » Maître des requêtes.
                    28 » Préfet.

Comte DARU. . . . . 29 ans Chef de division à la guerre.
                    32 » Ordonnateur en chef.
                    34 » Secrétaire général de la guerre.
                    36 » Conseiller d'État.
                    37 » Intendant général de la maison
                                de l'Empereur ; intendant gé-
                                néral de la grande armée.
                    38 » Outre ces triples fonctions,
                                  chargé de l'administration
                                des provinces prussiennes.

Duc DECAZES . . . . 26 ans Conseiller à la Cour de Paris.

Duc DECRÈS. . . . . 37 ans MINISTRE.

M. DELAMALLE . . . . 26 ans Auditeur.
                    30 » Préfet.

M. DIDIER. . . . . 28 ans Préfet.

2.

Maréchal DUROC. . . . . 30 ans Chargé d'une mission en Russie.
33 » Grand maréchal du palais.

M. DUVAL. . . . . 30 ans Auditeur.
31 » Préfet des Apennins.

Baron FINOT. . . . . 23 ans Préfet de la Loire-Inférieure.
25 » Préfet du Zuydersée (Amster-
dam).

Marquis de GASVILLE. . . . . 24 ans Sous-préfet.
26 » Préfet.

Baron de GÉRANDO. . . . . 32 ans Secrétaire général de l'Intérieur.

Baron GIROD (de l'Ain). . . . . . 30 ans Avocat général à la Cour de
Paris.
34 » Président du tribunal de la
Seine.

M. HAREL . . . . 21 ans Auditeur.
24 » Sous-préfet.
25 » Préfet.

Comte d'HOUDETOT. . . . . 28 ans Auditeur.
29 » Intendant de Berlin.
30 » Préfet.
32 » Préfet à Bruxelles.

Comte de KERGARIOU. . . . . 21 ans Auditeur.
24 » Préfet.

Baron LADOUCETTE. . . . . 27 ans Auditeur.
30 » Préfet.

Comte de LAS CASES. . . . . 35 ans Conseiller d'État.

Comte LAVALETTE . . . . 30 ans Directeur général des postes.

Comte LEPELLETIER D'AUNAY. . 23 ans Auditeur.
26 » Préfet.

Baron LEROY . . . . 25 ans Auditeur.
29 » Préfet.

MARET (duc de Bassano). . . . . 30 ans Ambassadeur à Constantinople.
35 » MINISTRE.

Baron MÉCHIN. . . . . 25 ans Gouverneur civil de Malte.

M. MÉRILHOU. . . . . 26 ans Substitut du procureur général
de Paris.

Comte MOLÉ. . . . . 24 ans Auditeur.
26 » Maître des requêtes.
27 » Préfet.
29 » Conseiller d'État, Directeur général des ponts et chaussées.
33 » MINISTRE.

Baron MOUNIER. . . . . 22 ans Auditeur.
23 » Intendant de la Silésie.
25 » Chef du cabinet de l'Empereur.
28 » Maître des requêtes.
29 » Intendant général des bâtiments de la couronne.

Baron PELET DE LA LOZÈRE. . 23 ans Auditeur.
26 » Préfet.

M. Camille PERIER . . . . 28 ans Préfet.

M. J. PERIER. . . . . 25 ans Auditeur.
27 » Receveur général de la grande
armée.

Comte PORTALIS . . . . 26 ans Secrétaire général de la justice.
30 » Conseiller d'État.
32 » Directeur général de l'imprimerie.

Baron QUINETTE. . . . . 37 ans MINISTRE.

Comte de RAMBUTEAU . . . . . . 30 ans Chargé d'une mission en West-
phalie.
31 » Préfet du Simplon.

Baron RÉAL . . . . 33 ans Conseiller d'État.

M. REINHART . . . . 36 ans MINISTRE.

Duc de ROVIGO . . . . 28 ans Chef de la police impériale.
36 ans MINISTRE.

Baron SÉGUIER . . . . 40 ans Premier président de la Cour
de Paris.

Comte de SERRES. . . . . 34 ans Premier président.

Comte SIMÉON. . . . . 30 ans Ministre de France à Berlin.

Baron de STASSART . . . . 25 ans Auditeur.
          27 » Intendant de la Prusse occiden-
            tale.
          30 » Préfet.

Comte THIBAUDEAU. . . . . 35 ans Conseiller d'État.

Comte de TOURNON. . . . . 30 ans Auditeur.
          32 » Préfet (à Rome).

M. TROUVÉ . . . . 30 ans Ambassadeur à Milan.

M. de VAISNE. . . . . 30 ans Conseiller d'État.

M. de VIEFVILLE-DESESSARTS . 28 ans Auditeur.
          30 » Sous-préfet.
          31 » Préfet.

Vicomte de VILLENEUVE. . . . . 23 ans Auditeur.
          25 » Sous-préfet.
          27 » Préfet.

RESTAURATION.

Comte d'ARGOUT. . . . . 35 ans Conseiller d'État.

Comte ANGLÈS. . . . . 34 ans MINISTRE.

Marquis d'AUDIFFRET. . . . . . . 25 ans Chef de bureau aux finances.
          28 » Directeur de la comptabilité
            générale.

Baron de BARANTE. . . . . 33 ans Conseiller d'État.
          34 » Directeur général des contribu-
            tions indirectes.
          37 » Pair de France.

Marquis de BELBOEUF. . . . . 30 ans Conseiller à la Cour de Paris.
                                39 »   Premier président de la Cour
                                                  de Lyon.

Comte de BOIS-LE-COMTE . . . . 33 ans Directeur aux affaires étran-
                                                  gères.

M. BOURSAINT. . . . . 33 ans Directeur des Invalides,
                                              35 »   Et des colonies.

Duc de BROGLIE. . . . . 25 ans Pair de France.
                                              33 »   Conseiller d'État.

M. de CHANTELAUZE. . . . . . . 28 ans Avocat général.
                                              33 »   Procureur général.
                                              38 »   Premier président.
                                              42 »   MINISTRE.

Baron de CROUSEILHES. . . . . . 24 »   Avocat général.
                                              28 »   Maître des requêtes.
                                              31 »   Directeur des colonies.
                                              32 »   Secrétaire général de la justice.
                                              35 »   Conseiller à la Cour de cassation.

Duc DECAZES . . . . 35 ans MINISTRE.

M. DELAVAU. . . . . 28 ans Conseiller à la Cour de Paris.
                                              33 »   Préfet de police.

M. DE SAINT-GERMAIN. . . . . . 22 ans Chambellan.
                                              27 »   Ministre plénipotentiaire.
                                              29 »   Préfet.

Comte de GUERNON-RANVILLE. . 37 ans Procureur général.
                                              42 »   MINISTRE.

M. GUIZOT. . . . . 27 ans Secrétaire général de l'intérieur.
                                              30 »   Conseiller d'État, directeur gé-
                                                  néral de l'administration dé-
                                                  partementale et communale.

                                 (Rejeté dans l'opposition, il n'est ministre
                                         qu'après 1830, à 43 ans.)

M. HERMANN. . . . . 27 ans Préfet.

M. de MONTBEL. . . . . 42 ans MINISTRE.

Baron MOUNIER. . . . . 32 ans Conseiller d'État (outre ses
fonctions d'intendant général
des bâtiments de la couronne
qu'il a gardées).
34 » Pair de France.
35 » MINISTRE. (Refuse. N'accepte
que les fonctions de directeur général de la police et de
l'administration départemen-
tale.)

Comte Alex. de NOAILLES. . . . 33 ans MINISTRE.

Comte Ant. de NOAILLES. . . . . 37 ans ambassadeur à Saint-Péters-
bourg.

M. PÉPIN DE BELISLE. . . . . . 27 ans Préfet.

M. PORTALIS. . . . . 36 ans Conseiller d'État.

Comte de RIGNY. . . . . 37 ans MINISTRE. (Refuse.)

Comte de SALVANDY. . . . . . . 22 ans Maître des requêtes.
31 » Conseiller d'État.

Comte de SERRES. . . . . 39 ans Président de la Chambre.

M. SAULNIER . . . . 25 ans Préfet.

Vicomte L. SIMÉON. . . . . 26 ans Auditeur.
30 » Préfet.

Vicomte de SULEAU. . . . . 21 ans Auditeur.
29 » Préfet.

M. de VATIMESNIL. . . . . 35 ans Avocat général à la Cour de
Cassation.

M. de VITROLLES. . . . . 39 ans MINISTRE.

M. VILLEMAIN. . . . . 29 ans Maître des requêtes, directeur
de la librairie.

GOUVERNEMENT DE JUILLET.

M. O. BARROT. . . . . 39 ans Préfet de la Seine.

M. BARTHE . . . . 35 ans MINISTRE.

M. BAUDE . . . . 38 ans Sous-secrétaire d'État de l'intérieur, préfet de police.

M. BÉHIC. . . . . 38 ans Secrétaire général de la marine.

M. BILLAULT . . . . 32 ans Député.

35 »   Sous-secrétaire d'État.

M. Ed. BLANC. . . . . 32 ans Secrétaire général du commerce,

34 »   En outre, directeur général des haras, des monuments publics.

35 »   Secrétaire général de l'intérieur, directeur du personnel.

M BOCHER. . . . . 28 ans Préfet.

30 »   Id.   de la Haute-Garonne.

Comte BOULAY (de la Meurthe). 37 ans Conseiller d'État, secrétaire général de l'agriculture et directeur général des haras.

Baron de BOURQUENEY. . . . . . 34 ans Chargé d'affaires à Londres.

Comte BRESSON. . . . . 32 ans En mission à Bruxelles.

35 »   Y reste comme ministre plénipotentiaire.

36 »   MINISTRE des affaires étrangères. (Refuse.)

Duc de BROGLIE. . . . . 40 ans MINISTRE.

M. BUREAUX DE PUZY. . . . . . 31 ans Préfet.

Comte P. de CHASSELOUP LAUBAT. 23 ans Auditeur.

26 »   Maître des requêtes.

33 »   Conseiller d'État (à l'ancienneté !).

M. MICHEL CHEVALIER. . . . . . 32 ans Conseiller d'État.

M. COUSIN. . . . . 38 ans Conseiller d'État.

Marquis de DALMATIE . . . . . . 29 ans Ministre de France à La Haye.

Comte DEJEAN. . . . . 26 ans Préfet.

30 » Conseiller d'État.

35 » Directeur général de la police.

M. DELEBECQUE. . . . . 34 ans Directeur au ministère de l'instruction publique.

M. DROUYN DE LHUYS. . . . . 29 ans Chargé d'affaires à La Haye.

30 » Premier secrétaire à Madrid.

35 » Directeur aux affaires étrangères.

Comte DUCHATEL. . . . . 28 ans Conseiller d'État.

29 » Député.

31 » MINISTRE.

M. DUFAURE. . . . . 38 ans Conseiller d'État.

41 » MINISTRE.

M. DUMON . . . . 35 ans Avocat général à la Cour de Paris.

36 » Conseiller d'État.

M. FRANCK-CARRÉ . . . . 36 » Procureur général à la Cour de Paris.

M. GALOS . . . . 36 ans Directeur des colonies.

M. SAINT-MARC-GIRARDIN . . . . 36 ans Conseiller d'État.

Baron d'HAUBERSAERT. . . . . . 21 ans Auditeur.

30 » Député.

35 » Conseiller d'État.

Comte JAUBERT. . . . . 41 ans MINISTRE.

M. LACAVE-LAPLAGNE. . . . . . 36 ans Conseiller maître à la Cour des comptes.

42 » MINISTRE.

Comte de MALLEVILLE. . . . . . 32 ans Député.

38 » Sous-secrétaire d'État.

M. MARCHAND. . . . . 33 ans Conseiller d'État.

Comte MATHIEU DE LA REDORTE. 35 ans Ambassadeur à Madrid.

M. MÉCHIN. . . . . 31 ans Préfet.

M. MIGNET. . . . . 34 ans Conseiller d'État, directeur aux
affaires étrangères.

Comte de MONTALIVET. . . . . . 29 ans MINISTRE (de l'intérieur).

Duc de MONTEBELLO. . . . . . . 35 ans Ambassadeur.
38 » MINISTRE.

Baron MORTIER. . . . . 34 ans Ministre de France à Lisbonne.

M. NISARD. . . . . 30 ans Maître des requêtes, chef de division au ministère de l'in-
struction publique.

M. PASCALIS. . . . . 39 ans Avocat général à la Cour de
cassation.

M. PASSY. . . . . 40 ans MINISTRE.

Comte de SAINT-PRIEST. . . . . 26 ans Ministre plénipotentiaire.

M. de RÉMUSAT. . . . . 39 ans Sous-secrétaire d'État.
42 » MINISTRE.

M. RENOUARD. . . . . 37 ans Conseiller d'État.

Baron RIVET . . . . 30 ans Préfet.
33 » Directeur du personnel au ministère de l'intérieur.
35 » Préfet du Rhône.

M. SAUZET. . . . . 34 ans Refuse un portefeuille.
36 » MINISTRE.

Baron SÉGUIER . . . . 27 ans Conseiller à la Cour de Paris.

Comte SÉGUR D'AGUESSEAU. . . 31 ans Préfet.

Vicomte SIMÉON. . . . . 27 ans Préfet.

M. TARBÉ DES SABLONS. . . . . 36 ans Avocat général à la Cour de
cassation.

M. THIERS. . . . . 33 ans Sous-secrétaire d'État.
35 » MINISTRE.

M TROPLONG . . . . 40 ans Conseiller à la Cour de cassation.

M. VITET . . . . 29 ans Maître des requêtes.
31 » Secrétaire général du com-
merce.
33 » Conseiller d'État.

M. VIVIEN . . . . 33 ans Préfet de police.
34 » Conseiller d'État.

RÉPUBLIQUE DE 1848.

LE PRINCE LOUIS-NAPOLÉON
PRÉSIDENT DE LA RÉPUBLIQUE A 40 ANS.

É. ARAGO . . . . 35 ans Commissaire général à Lyon,
Ministre à Berlin.

M. BIXIO . . . . 40 ans MINISTRE.

M. Ch. BLANC . . . . 35 ans Directeur général des Beaux-
Arts.

M. BLANCHE . . . . 36 ans Secrétaire général de l'Intérieur.

M. BUFFET . . . . 30 ans MINISTRE.

M. DUCLERC . . . . 36 ans MINISTRE.

M. de FALLOUX . . . . 37 ans MINISTRE.

M. FORTOUL . . . . 40 ans MINISTRE.

M. FRESLON . . . . 40 ans MINISTRE.

M. de LAVENAY . . . . 36 ans Secrétaire général du commerce.

M. de MAUPAS . . . . 31 ans Préfet.
33 ans Préfet de police.

M. Émile OLLIVIER . . . . 23 ans Préfet des Bouches-du-Rhône.

M. de PARIEU . . . . 34 ans MINISTRE.

M. de REYNEVAL . . . . 26 ans Premier secrétaire.
                                35 » Ministre à Naples.
                                37 » MINISTRE. (Refuse.)

M. ROUHER . . . . 34 ans MINISTRE.

M. J. SIMON . . . . 34 ans Conseiller d'État.

M. THOUVENEL . . . . 31 ans Ministre plénipotentiaire.

M. VUILLEFROY . . . . 38 ans Conseiller d'État.

M. VUITRY . . . . 37 ans Conseiller d'État.
                                39 » Sous-secrétaire d'État.

ANGLETERRE.

Lord ABERDEEN . . . . 23 ans Lord électif d'Écosse.
                                29 » Ambassadeur à Vienne.
                                      (En 1813 et avec un plein succès!)

Duc d'ARGYLL . . . . 30 ans MINISTRE.

Lord AUCKLAND . . . . 26 ans Député.
                                30 » Ambassadeur à Paris.

M. BARING . . . . 30 ans Député.
                                34 » Lord de la Trésorerie.

M. BOUVÉRIE . . . . 26 ans Député.
                                32 » Sous-secrétaire d'État.

Duc de BUCCLEUGH . . . . 36 ans MINISTRE.

CANNING . . . . 23 ans Député.
                                26 » Sous-secrétaire d'État.
                                37 » MINISTRE.

Lord CANNING . . . . 24 ans Député.
(Son fils).
                                29 » Sous-secrétaire d'État.
                                34 » MINISTRE.

M. CARDWELL. . . . . 29 ans Député.
                          32 » Secrétaire de la Trésorerie.
                          39 » MINISTRE.

Comte de CARLISLE. . . . . 24 ans Député.
                          33 » Sous-secrétaire d'État.

CASTLEREAGH. . . . . 24 ans Député.
                          29 » MINISTRE.

Lord CLARENDON . . . . 33 ans Ambassadeur à Madrid.
                          39 » MINISTRE.

Marquis de CONYNGHAM. . . . . . 26 ans Sous-secrétaire d'État.
                          37 » Directeur général des forêts.

M. COWPER . . . . 23 ans Député.
                          26 » Lord de la Trésorerie.

Lord DERBY. . . . . 21 ans Député.
                          28 » Sous-secrétaire d'État.
                          31 » MINISTRE.

Comte de DURHAM. . . . . 21 ans Député.
                          38 » MINISTRE.

FOX. . . . . 19 ans Député (deux ans avant l'âge
                                     légal).
                          23 » Lord de l'amirauté.
                          33 » MINISTRE.

M. FOX MAULE . . . . 34 ans Sous-secrétaire d'État.

M. GLADSTONE . . . . 23 ans Député.
                          25 » Lord de la Trésorerie.
                          26 » Sous-secrétaire d'État.
                          34 » MINISTRE.

Vicomte GODERICH . . . . 25 ans Député.
                          28 » Sous-secrétaire d'État.
                          40 » MINISTRE.
                                 (A été premier ministre.)

M. GOSCHEN. . . . . 32 ans Sous-secrétaire d'État.
                          34 » MINISTRE.

Sir James GRAHAM . . . . 26 ans Député.
                          38 » MINISTRE.

Comte GRANVILLE . . . . 22 ans Député.
                              36 » Sous-secrétaire d'État.
                              37 » MINISTRE.

Lord GRENVILLE . . . . 22 ans Député.
                              30 ans speaker des Communes.
                              31 » MINISTRE.
                                    (A été premier ministre.)

Comte GREY . . . . 27 ans Député.
                              29 » Sous-secrétaire d'État.

Comte de GREY ET RIPON . . . . 24 ans Député.
                              28 » Sous-secrétaire d'État.
                              33 » MINISTRE.

Marquis d'HARTINGTON . . . . . 30 ans Sous-secrétaire d'État.
                              33 » MINISTRE.

Comte d'HAROWBY . . . . 21 ans Député.
                              32 » Sous-secrétaire d'État.

Lord HOLLAND . . . . 32 ans MINISTRE.

M. HORSMAN . . . . 28 ans Lord de la Trésorerie.

M. HUSKISSON . . . . 24 ans Député.
                              27 » Sous-secrétaire d'État.

M. LABOUCHÈRE . . . . 34 ans Lord de l'amirauté.
                              41 » MINISTRE.

Marquis de LANSDOWNE . . . . . 22 ans Député.
                              26 » MINISTRE.

Comte de LIVERPOOL . . . . 21 ans Député.
                              27 » Membre du conseil du com-
                                              merce.
                              30 » MINISTRE.
                                    (A été premier ministre.)

Comte de LONSDALE . . . . 21 ans Député.
                              23 » Lord de l'amirauté.
                              40 » MINISTRE.

Marquis de LONDONDERY . . . . . 21 ans Député.
                              23 » Lord de l'amirauté.

M. MANNERS-SUTTON . . . . . . 26 ans Député.
                              27 » Sous-secrétaire d'État

Lord John MANNERS.. . . . . 23 ans Député.
                                     34 » Haut commissaire des forêts (avec voix délibérative au conseil).
                                     40 » MINISTRE.

Comte MANSFELD . . . . 24 ans Député.
                                     28 » Lord de la Trésorerie.

Duc de NEWCASTLE. . . . . 23 ans Lord grand chambellan.
                                     37 » MINISTRE.

Duc de NEWCASTLE . . . . 21 ans Député.
(Fils du précédent.)
                                     23 » Lord de la Trésorerie.
                                     34 » MINISTRE.
                                           (A été premier ministre.)

Lord NORMANBY . . . . 21 ans Député.
                                     35 » Gouverneur de la Jamaïque.
                                     38 » Gouverneur de l'Irlande.

Lord NORTH. . . . . 21 ans Député.
                                     26 » Lord de la Trésorerie.
                                     33 » Payeur général de l'armée.
                                     35 » MINISTRE.
                                           (A été premier ministre.)

Lord PALMERSTON . . . . 22 ans Député.
                                     23 » Lord de l'amirauté.
                                     29 » MINISTRE (1).

ROBERT PEEL. . . . . 21 ans Député.
                                     22 » Sous-secrétaire d'État.
                                     24 » MINISTRE.

Sir ROBERT PEEL. . . . . 23 ans Député.
(Fils du précédent).
                                     24 » Chargé d'affaires en Suisse.

M. FRÉDÉRIC PEEL. . . . . 26 ans Député.
                                     28 » Sous-secrétaire d'État.

---

(1) Le secrétariat de la guerre, quoique ne donnant pas encore entrée au Conseil, était déjà un véritable ministère.

PITT . . . . 21 ans Député.
                    23 » MINISTRE.
                    24 » PREMIER MINISTRE.

Lord RUSSELL. . . . . 21 ans Député.
                    38 » Payeur général de la marine.

Comte de SHAFTESBURY . . . . . 25 ans Député.
                    33 » Lord de l'amirauté.

Lord SIDMOUTH. . . . . 27 ans Député.
                    34 » Speaker de la Chambre des
                                    communes.
                        (A été premier ministre.)

Duc de SOMERSET. . . . . 30 ans Député.
                    31 » Lord de la Trésorerie.

Comte SPENCER . . . . 23 ans Député.
                    36 » MINISTRE.

Lord STANLEY. . . . . 22 ans Député.
                    26 » Sous-secrétaire d'État des af-
                                    faires étrangères.
                    32 » MINISTRE.

Lord STANLEY D'ALDERLEY. . . 25 ans Député.
                    32 » Sous-secrétaire d'État de l'in-
                                    térieur.
                    33 » Secrétaire de la Trésorerie.

Comte de SAINT-GERMANS . . . . 26 ans Député.
                    36 » Ambassadeur à Madrid.

Lord STANHOPE. . . . . 25 ans Député.
                    29 » Sous-secrétaire d'État.

M. SPRING RICE. . . . . 30 ans Député.
                    37 » Sous-secrétaire d'État.
                    40 » MINISTRE.

M. SYDNEY HERBERT . . . . . . 21 ans Député.
                    31 » Lord de l'amirauté.
                    35 » MINISTRE.

M. VERNON SMITH. . . . . 25 ans Député.
                                     26 » Lord de la Trésorerie.

Lord WODEHOUSE. . . . . 26 ans Sous-secrétaire d'État.
                                     30 » Ambassadeur à S.-Pétersbourg.
                                     38 » Gouverneur d'Irlande.

Lord STRATFORD DE REDCLIFFE 25 ans Ministre plénipotentiaire.
                                     37 » Ambassadeur à Constantinople.

M. H. WELLESLEY . . . . 28 ans Vice-gouverneur d'Aoudth.
                                     33 » Député.
                                     34 » Secrétaire de la trésorerie.
                                     36 » Ambassadeur à Madrid.

M. WINDHAM . . . . 22 ans Député.
                                     34 » MINISTRE. (1).

BELGIQUE.

M. D'ANETHAN. . . . . 40 ans MINISTRE.

M. BARA. . . . . 36 ans MINISTRE.

Comte de BRIEY. . . . . 41 ans MINISTRE.

M. de BROUCKÈRE. . . . . 35 ans MINISTRE.

Général de CHAZAL. . . . . . . 39 ans MINISTRE.

Prince de CHIMAY. . . . . 22 ans Ministre plénipotentiaire.
                                     30 » Ministre à Paris.

M. DECHAMPS. . . . . 27 ans Député.
                                     34 » Gouverneur du Luxembourg.
                                     36 » MINISTRE.

M. DEVAUX . . . . 30 ans MINISTRE.

(1) En parcourant ces tableaux on doit se souvenir qu'en Angleterre on ne peut parvenir à *aucune* fonction politique tant que le parti auquel on est affilié n'est pas en possession du pouvoir. Beaucoup de ceux dont le nom figure ici seraient donc arrivés aux affaires bien plus jeunes encore s'ils n'avaient dû attendre plus ou moins longtemps l'avénement de leur parti.

M. DUMON . . . . 36 ans MINISTRE.

M. FRÈRE ORBAN . . . . 36 ans MINISTRE.

Général GOBLET . . . . 40 ans MINISTRE.

M. LEBEAU . . . . 36 ans MINISTRE.

Comte LEHON . . . . 39 ans Ambassadeur à Paris.

Prince de LIGNE . . . . 38 ans Ambassadeur à Paris.

M. MALOU . . . . 35 ans MINISTRE.

Comte de MÉRODE . . . . 39 ans MINISTRE.

M. MUELENAÈRE . . . . 30 ans Député.
36 ans MINISTRE.

M. NOTHOMB . . . . 25 ans Député.
26 » Secrétaire général des affaires
étrangères.
28 » Ambassadeur à Londres.
29 » MINISTRE (des affaires étrangères).

Comte ROGIER . . . . 32 ans MINISTRE (des affaires étrangères).

Comte de SAUVAGE . . . . 40 ans MINISTRE.

M. de THEU . . . . 36 ans MINISTRE.

M. TIELEMANS . . . . 32 ans MINISTRE.

M. VAN DEN PRAET . . . . 28 ans MINISTRE.

M. VAN DEN WEYER . . . . . . 29 ans MINISTRE (des affaires étrangères).

Comte VILAIN XIV . . . . 29 ans Ambassadeur.

ITALIE.

Cardinal ALTIERI . . . . 35 ans Nonce à Vienne.

Cardinal ANTONELLI . . . . 35 ans Sous-secrétaire d'Etat.
                                      40 » MINISTRE.

Comte de CAVOUR. . . . . 39 ans MINISTRE.

M. FARINI. . . . . 26 ans Député.
                                        28 » MINISTRE.
                                        37 » DICTATEUR de l'Emilie.
                                        38 » Lieutenant du roi à Naples.
                                        40 » PREMIER MINISTRE.

GIOBERTI. . . . . 39 ans PREMIER MINISTRE.

M. JACINI . . . . 34 ans MINISTRE.

M. LA FARINA. . . . . 33 ans MINISTRE.

M. MANNA. . . . . 35 ans MINISTRE.

M. MINGHETTI . . . . 30 ans MINISTRE.

M. MONTANELLI . . . . 35 ans MINISTRE.

Comte NERI CORSINI . . . . 37 ans MINISTRE.

M. NIGRA . . . . 35 ans Ambassadeur à Paris.

M. PERUZZI . . . . 29 ans Gonfalonier de Florence.
                                        40 » MINISTRE.

Marquis PEPOLI. . . . . 34 ans MINISTRE.

M. RATAZZI . . . . 39 ans MINISTRE.

M. RUGGIERO SETTIMO. . . . . . 34 ans MINISTRE.

M. SCIALOJA. . . . . 31 ans MINISTRE.

M. VISCONTI VENOSTA. . . . . . 35 ans MINISTRE (des affaires étran-
                                                  gères).

ESPAGNE.

Comte ALMODAVAR. . . . . 35 ans Président des Cortès.
36 » MINISTRE.

Don BORREGO. . . . . 39 ans MINISTRE.

M. CABALLERO . . . . 31 ans MINISTRE.

Don J. M. CALATRAVA. . . . . . 27 ans Député.
41 » MINISTRE.

M. CARVALHO (Da Silva). . . . . 39 ans MINISTRE.

M. de CEVALLOS . . . . 38 ans MINISTRE.

Don S. de CORDOVA. . . . . . . 29 ans Ministre à Berlin.
33 » Ambassadeur à Lisbonne.

M. de la ESCOSURA. . . . . 36 ans MINISTRE.

M. DONOSO CORTÈS. . . . . . . 27 ans Secrétaire du Conseil des ministres.
35 » Sénateur, ministre à Berlin.

GODOY . . . . 27 ans PREMIER MINISTRE.

M. ISTURITZ. . . . . 33 ans Président des Cortès.

M. LOPEZ . . . . 28 ans Député.
34 » MINISTRE.

M. MARTINEZ DE LA ROSA. . . 22 ans Député.
31 » MINISTRE.

Maréchal O'DONNELL. . . . . . . 30 ans Général.
35 » Capitaine général à Cuba.

M. OLOZAGA. . . . . 37 ans Ambassadeur à Paris.

Général PRIM . . . . 32 ans Général, comte de Reuss, gouverneur de Madrid.

Duc de PALMELLA . . . . 29 ans MINISTRE des affaires étrangères.

M. RIOS Y ROSAS. . . . . 24 ans Député.
                         30 » Conseiller d'État.
                         42 » MINISTRE.

M. ROS DE OLANO . . . . 35 ans MINISTRE.

M. de SA DA BANDEIRA. . . . . 36 ans MINISTRE.

GRÈCE.

Comte CAPO d'ISTRIA. . . . . . 26 ans MINISTRE.

M. COLETTIS. . . . . 34 ans MINISTRE.

M. METAXAS. . . . . 26 ans MINISTRE.

M. MAUROCORDATO. . . . . . . 31 ans Président du Conseil exécutif.

M. TRICOUPIS . . . . 31 ans Président du Conseil exécutif.

DIVERS.

Baron de BACH. . . . . 35 ans MINISTRE.

Prince BATTHYANI. . . . . 32 ans MINISTRE.

Comte de COBENTZEL. . . . . . 21 ans Ministre à Copenhague.
                         24 » » à Berlin.
                         26 » » à Saint-Pétersbourg.
                         (Signa le traité de Campo-Formio. Napoléon l'appelait « l'homme de la monarchie autrichienne, l'âme de ses projets ».)

Prince ESTERHAZY . . . . 24 ans Ministre plénipotentiaire.

M. de HUBNER. . . . . 38 ans Ambassadeur à Paris.

Prince de METTERNICH. . . . . . 23 ans Secrétaire du Congrès de Rastadt.
                         31 » Ambassadeur à Paris (en 1811 !).

Prince Richard de METTERNICH. 30 ans Ambassadeur à Paris.

Baron de SCHLEINITZ, ... 31 ans MINISTRE.

Comte de STADION . . . . 25 ans Ministre à Stockholm.
27 »   Id.   à Londres. (Reste sept ans à l'écart.)
35 » Ambassadeur à Saint-Péters bourg.
40 » MINISTRE.

M. SZEMERE. . . . . 36 ans MINISTRE.

Prince SCHWARTZENBERG. . . . 37 ans Ambassadeur à Saint-Péters-bourg.
39 » Ambassadeur à Paris.

ALTENSTEIN. . . . . 38 ans MINISTRE.

Comte d'ALVENSLEBEN. . . . . . 38 ans MINISTRE.

Comte de BEROLDINGEN . . . . . 34 ans Ambassadeur à Londres.

Comte de BISMARK . . . . 38 ans Ambassadeur à Vienne.

Comte de HATZFELD . . . . 36 ans Ambassadeur à Paris.

Baron de BUDBERG . . . . 31 ans Ministre à Berlin.

M. de BRAY. . . . . 39 ans MINISTRE.

M. de BULOW. . . . . 37 ans Ambassadeur à Londres.

Comte NESSELRODE. . . . . . . 27 ans Ministre plénipotentiaire.
37 » PREMIER MINISTRE.

Comte TSCHERNISCHEW . . . . . 32 ans Ambassadeur à Paris (en 1810 !).

M. BARDENFLETH. . . . . 25 ans Gouverneur général de l'Is-lande.
40 » MINISTRE.

Comte MONRAD . . . . 37 ans MINISTRE.

Comte de SPONNECK . . . . . . 33 ans MINISTRE.

SANTAREM. . . . . 37 ans PREMIER MINISTRE.

M. BRECKENRIDGE . . . . 31 ans Député au Congrès.
32 » Ambassadeur à Madrid.
35 » Vice-président des États-Unis.

BUCHANAN. . . . . 24 ans Député au Congrès.
36 » Ambassadeur à S.-Pétersbourg.

CALHOUN. . . . . 29 ans Président du Congrès.
                                          35   » MINISTRE.

MONROÉ. . . . . 32 ans Député au Congrès.
                                            37   » Ambassadeur à Paris.

VAN BUREN . . . . 37 ans MINISTRE.
                                            38   » Ambassadeur à Paris.

ITURBIDE . . . . 32 ans EMPEREUR du Mexique.

MIRAMON. . . . . 25 ans PRÉSIDENT du Mexique.

SANTA-ANNA . . . . 29 ans MINISTRE.
                                            35   » PRÉSIDENT.

ROSAS . . . . 36 ans Gouverneur de Buenos-Ayres;
                                                       DICTATEUR.

SANTA CRUZ. . . . . 29 ans PRÉSIDENT de la Bolivie.

CARRERA. . . . . 25 ans PRÉSIDENT de la république
                                               de Guatemala.

(Le reste pendant 26 ans, jusqu'à sa mort.)

Le second Empire a-t-il suivi sur ce point l'exemple des autres régimes? A-t-il comme eux aimé la jeunesse? On pourrait d'autant mieux le penser que, manifestant l'intention d'agir plus que de délibérer, il semblait devoir rechercher dans ses serviteurs l'activité, l'énergie, plutôt que l'expérience. Il parut le comprendre d'abord : parmi les ministres de 1852, plusieurs étaient jeunes (MM. Rouher, de Morny, de Persigny, de Maupas, etc.). On vit à cette époque des préfets de vingt-six ans (MM. Henri et Léon Chevreau, Edmond Didier, etc.), un directeur général de l'imprimerie et de la librairie de vingt neuf ans (M. Latour du Moulin), un conseiller d'État, directeur général du personnel au ministère de l'intérieur, de vingt-huit ans (M. Henri Chevreau), etc., etc.

Il fallait continuer ainsi : un gouvernement ne doit pas vieillir exclusivement entouré des hommes qui ont pris part à sa formation ; à mesure qu'il prend des années, il doit au contraire se rajeunir par des accessions nouvelles.

On s'éloigna cependant peu à peu de ces sages traditions.

Les ministres se succédèrent entre eux, se remplacèrent réciproquement. A peine l'un d'eux était-il entré au Sénat, — magnifique retraite où son activité eût trouvé un assez vaste champ, — qu'il en sortait aussitôt pour reprendre un portefeuille. Peu d'hommes nouveaux furent appelés, peu d'hommes jeunes surtout (1). Nous le savons, il y en avait peu qui parussent prêts pour ces grandes destinées. Mais pourquoi? Parce qu'on ne les y avait pas préparés. Les hommes de talent ne manquent jamais pour qui veut les chercher. Une génération n'est jamais stérile. Parmi les hommes qui comptent aujourd'hui quarante ans, il en est à coup sûr qui eussent pu, depuis plusieurs années déjà, diriger un ministère, et le diriger avec succès. Ils existent... mais on les ignore, et peut-être s'ignorent-ils eux-mêmes, — parce que l'occasion leur a manqué d'apprendre et de montrer ce qu'ils valaient.

Ils n'ont pu se produire ni au Corps législatif, ni au Conseil d'État, ni dans les autres carrières publiques.

Le Corps législatif a été presque exclusivement composé d'hommes âgés. Le gouvernement n'a presque jamais accordé son

_____

(1) Ce sujet est particulièrement délicat. Il nous sera cependant permis de dire que parmi les ministres nommés depuis 1853 aucun n'avait moins de 42 ans : trois avaient de 42 à 45 ; deux de 45 à 50 ; trois de 50 à 55 ; quatre de 55 à 60, et quatre plus de 60 ; — ce qui donne une moyenne de 54 ans !

patronage à de jeunes candidats (1) dans lesquels il devinait de futurs orateurs.

Des talents inattendus se sont pourtant produits au Corps législatif. Encouragés, excités, forcés dans leur modestie, et pour ainsi dire contraints à un rôle plus actif, ils se seraient développés, ils seraient parvenus à leur pleine maturité. Ces encouragements leur ont-ils toujours été suffisamment donnés? Nous en doutons. Sur ce point encore, nous craignons que le gouvernement n'ait trop passivement laissé faire.

Le Conseil d'État avait reçu de la Constitution de 1852 un rôle immense. Chargé de préparer les lois et de les défendre, il devait appeler à lui l'élite de toutes les carrières publiques et devenir

(1) Sur 245 députés patronnés par le gouvernement qui siégent actuellement au Corps législatif:

8	y sont arrivés avant		30 ans,	
26	»	de	30 à 35	»
34	»	de	35 à 40	»
43	»	de	40 à 45	»
62	»	de	50 à 60	»
31	»	après 60		»

Il est à remarquer que les 8 députés nommés avant 30 ans datent tous de 1852 (ou de la période 1852-57);

Que sur les 26 nommés de 30 à 35 ans, 14 datent de 1852, 7 seulement de 1863;

Que sur les 31 nommés après 60 ans, 8 datent de 1852 et 18 de 1863.

A ces chiffres il est intéressant de comparer ceux que nous offre la Chambre des communes. — Sur les 460 membres qui la composent :

70	seulement y sont arrivés après	50 ans,	
224	(la moitié!) ont été nommés avant	35	»
152	»	30	»
62	»	25	»

pour le gouvernement ce qu'est, pour l'opposition, le Palais : un Conservatoire.

Choisis parmi les maîtres des requêtes arrivés à la cinquantaine, ou parmi les administrateurs de tout ordre parvenus au sommet de leur carrière et aspirant à cette fonction comme à une douce retraite (1), les conseillers d'État n'eurent à traiter devant le Corps législatif que des questions étroites, spéciales, où leur parole ne put se former, ni leur notoriété s'établir.

Recrutés, non parmi les jeunes talents du barreau, de la magistrature ou des administrations publiques, mais exclusivement parmi les plus anciens auditeurs (c'est-à-dire ceux qui comptaient de trente-cinq à quarante ans), les maîtres des requêtes ne furent jamais appelés devant la Chambre ainsi qu'ils l'étaient sous les régimes précédents, où leur intervention était cependant beaucoup moins utile. — Voulaient-ils sortir du Conseil? Peu de débouchés s'offraient à leur activité : leur fonction, leur titre, leur importance, s'amoindrissaient chaque jour. Depuis peu, cependant, nous nous hâtons de le dire, une réaction semble s'opérer sur ce point. Les maîtres des requêtes ont vu plusieurs administrations solliciter leur concours. Celles-ci n'ont sans doute pas lieu de le regretter, et leur exemple sera certainement suivi.

(1) Parmi les Conseillers d'État nommés depuis 1853 :

1	le fut	à 36 ans,
1	»	à 39 »
6	le furent de	40 à 45 »
10	» de	45 à 50 »
8	» de	50 à 55 »
9	» de	55 à 60 »
7	»	après 60 »

Pendant ce temps, un décret, modifiant les conditions de l'auditorat, y faisait prévaloir les droits du mérite et du travail sur ceux de l'ancienneté. Quand ce décret fut signé, les auditeurs de première classe qui tenaient la tête de la liste approchaient de la quarantaine, si même quelques-uns ne l'avaient atteinte. Parmi ceux de la deuxième classe, plus d'un avait alors trente-cinq ans.

Ils n'avaient pu faire leur carrière au Conseil. Auraient-ils pu la faire ailleurs? Difficilement. « Depuis six ans, disait le comte Dubois dans l'excellente brochure qu'il publiait en 1859, on n'a choisi parmi les auditeurs que onze sous-préfets et un seul receveur particulier. Pas un des auditeurs de la deuxième classe nommés depuis cette époque n'a pu être élevé à la première classe. »

S'ils parvenaient cependant à entrer dans l'administration active, faisaient-ils un chemin plus rapide? Pour le savoir, parcourons la liste des sous-préfets actuellement en fonction; nous verrons que pour passer de la troisième classe à la deuxième il leur a fallu, en moyenne, neuf ans et demi; pour passer de la deuxième à la première, onze ans et trois mois, soit vingt ans pour franchir seulement les deux premières classes (1).

(1)

3e CLASSE			2e CLASSE		
3	y sont restés	3 ans	2	y sont restés	2 ans
2	»	4 »	1	»	3 »
2	»	5 »	2	»	4 »
4	»	6 »	2	»	6 »
2	»	7 »	1	»	8 »
6	»	8 »	2	»	9 »
4	»	9 »	4	»	10 »
8	»	10 »	3	»	11 »
2	»	11 »	5	»	12 »
4	»	12 »	4	»	13 »

Le plus souvent il faut traverser plusieurs sous-préfectures d'une même classe pour atteindre une classe supérieure. Quant à sauter un échelon, à passer d'une sous-préfecture de troisième classe à une de première, ou d'une sous-préfecture de deuxième classe à une préfecture, ce qui était sous les autres régimes d'une pratique constante, cela est de nos jours *absolument* sans exemple.

Ce que nous venons de dire des sous-préfectures, nous pourrions le répéter, sans y changer un mot, pour les préfectures.

Si, continuant cet examen, nous passions en revue les autres carrières publiques : la diplomatie, les finances, la magistrature, les administrations centrales, partout nous retrouverions les mêmes obstacles se dressant devant l'homme de mérite et ne lui permettant d'arriver aux fonctions sérieuses où il doit vraiment apprendre et se former qu'à un âge où il n'en a plus ni le désir ni la force.

Pour nous résumer : en étudiant les autres pays, ou le nôtre même sous les régimes précédents, on reconnaît que tout homme dont on attend des services, — de vingt et un à vingt-cinq ans est entré dans la vie publique,—qu'à trente ans il commence à porter la responsabilité d'une charge sérieuse, — qu'à trente-cinq ans, plein de séve, d'ardeur, de dévouement à sa tâche, mais déjà mûr,

3ᵉ CLASSE			2ᵉ CLASSE		
6 y sont restés	13 ans		1 y est resté	14 ans	
3	»	14 »	3 y sont restés	15 »	
1	»	15 »	4 »	16 »	
1	»	21 »	1 »	17 »	
			1 »	19 »	
			1 »	20 »	

il est apte aux plus hautes fonctions et souvent il les occupe : et l'on voit que partout où cette distribution des forces et des facultés préside à l'organisation des carrières publiques, elle y a produit de grands résultats.

Si l'on reporte les yeux sur la France d'aujourd'hui, on voit qu'un homme de trente ans n'y compte pas, qu'il débute à peine, qu'il est auditeur de deuxième classe, substitut dans un ressort éloigné, sous-préfet ou secrétaire d'ambassade de troisième classe ; qu'un homme de quarante ans y est encore un *jeune homme* à qui l'on veut bien, s'il a du talent, reconnaître « de l'avenir ».

D'où vient cela ?

Est-ce de la nécessité des choses ? Le gouvernement est-il empêché d'agir autrement ? Lui est-il impossible de frayer un chemin, à travers les carrières encombrées, à ceux qu'il croit dignes de marcher vite ? Non ; il agit ainsi même lorsqu'il n'y est pas contraint ; il agit ainsi par principe.

Hâtons-nous de le dire, c'est un sentiment louable qui le pousse. Estimant le mérite à coup sûr, mais ne voyant pas en lui un titre légitime à des faveurs exceptionnelles, il craint de faire des *passe-droits*. Il veut contenter tout le monde, faire arriver chacun à son tour... Est-ce bien politique ? et le bien de l'État n'exige-t-il pas d'autres principes ? Peut-on voir d'ailleurs un passe-droit là où le mérite, non la faveur, a motivé l'avancement rapide ? En récompensant d'une façon exceptionnelle l'intelligence et le zèle, le gouvernement, au contraire, fait œuvre d'équité. Il applique aux carrières dont il dispose les règles qui dominent toutes les autres. Dans toutes, en effet, le travail et le talent assurent vite le succès. Dans aucune, le temps n'est considéré comme un titre.

Pour l'armée, du moins, à côté du principe de l'*ancienneté*, celui du *choix* a été strictement maintenu. Dans l'administration, il tend à disparaître : le jour où l'*ancienneté* aurait définitivement prévalu, une uniforme médiocrité en sortirait nécessairement.

Cette crainte des récompenses hâtives, ce mépris de la jeunesse, avons-nous dit, est pour le gouvernement un principe. En l'absence de toute concurrence, en effet, et devant un seul candidat, n'entendons-nous pas dire chaque jour : « C'est bien l'homme qu'il nous faudrait, mieux que tout autre il conviendrait à cet emploi ; mais..... il est trop jeune ! »

Et cette horreur de la jeunesse nous est si naturelle, nous sommes si bien un pays de gérontocratie, que les jeunes gens eux-mêmes ont docilement admis cet état de choses. Ils ne s'en étonnent pas. Il semble, en vérité, qu'ils s'étonneraient plutôt du contraire. Un maître des requêtes dont le mérite exceptionnel était reconnu de tous fut récemment appelé au secrétariat général d'un ministère important. Il avait trente-huit ans. A une autre époque (nos tableaux l'attestent), on aurait pu s'étonner qu'il y arrivât si tard. Mais tout est bien changé : ce qui étonna, ce fut un avancement si rapide. Cela renversait toutes les idées reçues ! Ses collègues, ses contemporains, se réjouissaient assurément de cette chance heureuse, étant remplis pour lui d'estime et d'affection, mais ils n'étaient pas les moins surpris. Nous gagerions que plus d'un s'écria : « Ce sera sans doute un excellent secrétaire général, mais..... il est bien jeune ! »

Nous pourrions citer, dans l'opposition comme dans la majorité, des députés de quarante et de quarante-deux ans considérés par le public et par leurs collègues comme « des jeunes gens qui promettent » ; tel procureur général dont la brillante éloquence est depuis longtemps célèbre et qu'on aimerait à voir siéger au

Conseil d'État s'il était plus mûr ; mais lui aussi n'a que depuis peu dépassé la quarantaine! tel conseiller d'État enfin que l'opinion s'attend à voir prendre un portefeuille..... dans quelques années : il n'a que cinquante ans !

Qu'on y songe! Une telle façon d'agir n'empêche pas seulement le gouvernement de se préparer des défenseurs, elle lui recrute incessamment des adversaires.

Il faut bien le dire, notre siècle est sceptique. Les convictions politiques s'effacent de jour en jour. Parmi ceux qui embrassent le parti de l'opposition, un grand nombre à coup sûr y est poussé par une opinion réfléchie : beaucoup (le plus souvent sans le savoir) obéissent à une arrière-pensée d'intérêt.

Ils ont du talent, ils le sentent; ils comparent les deux voies ouvertes à leur ambition : d'un côté, l'indifférence ; de l'autre, un accueil chaleureux....., et ils vont grossir les rangs des anciens partis! ces partis justement signalés comme l'obstacle principal au pacifique avénement de la liberté; ces partis dont la durée semblait limitée à la vie de quelques hommes importants, et qui vont ainsi se perpétuer de génération en génération.

Tel est le mal.

Que faire pour le guérir et pour attirer au grand *parti du Prince Impérial* ces recrues précieuses qui s'en éloignent?

Avoir le goût de la jeunesse intelligente, la chercher, la convier, l'encourager, lui frayer son chemin en dépit des clameurs, — clameurs qui seront moins vives qu'on ne le croit. Nous le répétons, on n'est jaloux que des faveurs imméritées.

Appeler au Conseil d'État, avec le titre de maître des requêtes et parfois de commissaire du gouvernement devant les Chambres, tout ce que la magistrature, le barreau, l'administration contiennent de jeunes talents disposés à servir fidèlement l'Empire.

Quand le ministère sera modifié, confier quelques portefeuilles à des hommes nouveaux. On les verra à l'œuvre, on les jugera. Feraient-ils moins bien que d'autres au début, ils se formeront, et plus tard on sera sans doute heureux de les trouver prêts. S'ils échouent, qu'ils trouvent dans le Sénat une brillante et définitive retraite.

Enfin, quand le gouvernement dressera la liste de ses candidats pour les élections de 1869, qu'il y fasse une large place aux jeunes gens. Nous ne lui demandons pas à coup sûr de désigner des ennemis, ni des inconnus qui seraient battus devant le scrutin; mais, à dévouement égal, à chances de succès égales, nous lui demandons de préférer, contrairement à la règle adoptée, le neveu à l'oncle et le fils au père.

Tels sont les vœux que nous entendons chaque jour exprimer autour de nous, et qu'enhardi par notre dévouement, nous avons osé formuler avec une respectueuse liberté.

2685 — Paris, imp. Jouaust, rue Saint-Honoré, 338

www.ingramcontent.com/pod-product-compliance
Lightning Source LLC
Chambersburg PA
CBHW061332050726
47595CB00005B/1894